全韻梅花詩

（清）杭世駿 撰

國家圖書館出版社

影印說明

《全韻梅花詩》不分卷，清杭世駿撰，稿本，一冊。素紙寫成，

每半葉六行，行十五字。

杭世駿，字大宗，號菫浦、秦亭老民等，仁和（今浙江杭州）

人。生於康熙三十五年丙子（一六九六），卒於乾隆三十七年

壬辰（一七七二），年七十八。雍正二年甲辰（一七二四）舉

人。乾隆元年丙辰（一七三六）召試博學鴻詞，授翰林院編修。

以言事罷官。曾主講廣東粵秀書院、揚州安定書院。世駿於學

無所不貫，尤擅詩文。著有《續禮記集說》《道古堂集》等。

此稿本護封籤題「杭菫浦太史全韻梅花詩藁」。卷端題「全

韻梅花詩」，下鈐「道古堂書畫印」白文長印、「大宗」朱文

方印。正文不分卷，分為「上平」「下平」「上聲」「去聲」「入

聲」諸小題，每小題下各賦數詩，每詩末標明所屬韻目，其中「上

平」十五韻十五首，「下平」十五韻十五首，「上聲」二十九

韻二十九首，「去聲」三十韻三十首，「入聲」十七韻十七首，

共一〇六韻一〇六首，即所謂「全韻」之意。末有題記，云：「全

韻詩成，書奉玉几詞丈鄖正。菫浦杭世駿脫稿。」旁鈐「臣世駿」

白文方印、「菫浦」朱文方印。玉几為陳撰之號，此稿本即杭

世駿自書所作《全韻梅花詩》而奉贈陳撰者。

按葛嗣浵《愛日吟廬書畫續錄》卷五「清杭世駿行書梅花

詩冊」云：「《道古堂集外詩·全韻梅花詩》，堇浦自寫手冊

槭多。秀水王氏、仁和張氏均有之，皆全詩也。」葛嗣浵《愛

日吟廬書畫續錄》錄有杭氏稿本，然僅存上聲、去聲五十九首；

秀水王氏本，章鈺光緒二十七年辛丑（一九〇一）曾於秀水王

氏鏤香閣見之，其末署『委作梅詩全韻賦成并請巘谷、涉江兩

詞丈哂削』。其他傳世者尚有寫贈金農之本等。

除了上述杭氏寫贈友人者，尚有杭氏未定之草稿本。最早

者爲雍正十年壬子（一七三二）『未定稿』本，其末跋云：『暇

日，就上下平詠梅，得三十絶，不能爲名花寫照，復將上去入

及韻作五絶七十六首，頗有層見叠出之致，第五截最難措手，

必須超邁渾全，音節入古。率爾嘖哦，殊慚未工，姑存之，以

俟他日刪訂云。雍正壬子冬月，仁和杭世駿未定稿。」其後，

又有題爲『未定草』本者，卷端有朱文圓印『杭州阿駿』，卷

末跋云：『寅夏，坐桂堂遣暑，偶就上下平作詠梅詩三十截，

復成又韻五絶七十六首。雖不能爲名花寫照，覺頗有層見叠出

之致。既畢存稿，姑俟他日再行刪訂云。堇浦杭世駿未定草。」

寅夏即乾隆三十五年庚寅（一七七〇）夏。

杭氏《全韻梅花詩》曾由汪曾唯據其家藏本刊入《道古堂

集外詩》，汪跋云：『右一百六首，見先生手書梅花全韻詩冊。

冊藏余家，與塘栖朱氏所藏之稿本字句間有不同。」這個本子

有杭氏序云：「寅夏，主講邘上安定書塾，公暇偶咏得全韻梅詩，

雖不能爲名花寫照，而頗有層見叠出之致，因錄成之。」即與

上述「未定草」本所署時間一致，但是寫作緣起并不相同。

總言之，上述杭氏自寫諸本，其中并無完全一致者，相互

間皆有小异。之所以如此，當是杭氏寫贈時有所刪訂爾。

此稿本具有重要的文獻價值。《中國古籍善本書目·集部·清

別集類》著錄：「全韻梅花詩一卷。清杭世駿撰。稿本。」所

指即此稿本。此稿入選第五批《國家珍貴古籍名錄》，名錄編

號一二○一二。此次國家圖書館出版社將其原大仿真影印出版，

再現原書風貌，古色生輝，便於更多讀者品讀和收藏，以期對

傳播中華優秀傳統文化有所裨益。

陳開勇

二○二三年二月

目録

全韻梅花詩

圖書在版編目（CIP）數據

全韻梅花詩：一函一册 /（清）杭世駿撰 . —北京：國家圖書館出版社，
2023.5

ISBN 978-7-5013-7795-4

Ⅰ . ①全… Ⅱ . ①杭… Ⅲ . ①古典詩歌－詩集－中國－清代 Ⅳ .
① I222.749

中國國家版本館 CIP 數據核字 (2023) 第 019468 號

國家圖書館出版社
官方微信

書　　名	全韻梅花詩（一函一册）
著　　者	（清）杭世駿 撰
責任編輯	張愛芳　黄 静
出版發行	國家圖書館出版社（北京市西城區文津街 7 號　100034） （原書目文獻出版社　北京圖書館出版社） 010-66114536 63802249 nlcpress@nlc.cn（郵購）
網　　址	http://www.nlcpress.com
排　　版	常州市彩之源數碼圖像有限公司
印　　裝	常州市金壇古籍印刷廠有限公司
版次印次	2023 年 5 月第 1 版　2023 年 5 月第 1 次印刷
開　　本	16 開
印　　張	6.25
書　　號	ISBN 978-7-5013-7795-4
定　　價	560.00 圓